La mia madre narci-sista

Come capire facilmente il narcisismo nelle madri e migliorare le relazioni tossiche passo dopo passo

Mariam Lehmhuis

CONTENUTO

Cosa li aspetta in questo libro?

Questo libro si propone di spiegarle il disturbo narcisistico di personalità, soprattutto in relazione alle madri che ne sono affette e alle conseguenze per i loro figli.

Inoltre, questo libro intende dare alle persone colpite consigli su come imparare a gestire meglio la loro situazione.

Per comprendere meglio questa malattia mentale, in genere viene illustrata all'inizio del libro. In primo luogo, riceverà informazioni sul significato di narcisismo e sulle possibili ragioni per cui questa malattia può svilupparsi. Poi vengono descritti i diversi tipi e sintomi della malattia. Inoltre, riceverà dei suggerimenti che la aiuteranno a identificare un narcisista.

In seguito, viene presentato come il disturbo di personalità influisce sulla relazione e sul comportamento di una madre affetta nei confronti del figlio. Viene fatta una distinzione tra la relazione tra una madre narcisista e sua figlia e una madre narcisista e suo figlio. Vengono inoltre descritte le conseguenze e i disturbi psicologici che possono insorgere per il bambino e la misura in cui il bambino può essere ancora influenzato da questo disturbo da adulto.

Alla fine del libro, vengono spiegate le opzioni terapeutiche sia per le madri che per i figli. Successivamente, vengono menzionati anche alcuni consigli di auto-aiuto che possono aiutare i figli di narcisisti ad affrontare la madre e i modi in cui possono liberarsi dall'ambiente della madre narcisista.

Che cos'è il narcisismo?

EMERSIONE E DEFINIZIONE DEL NARCISISMO

Nel linguaggio quotidiano, il termine narcisista è spesso usato per descrivere una persona che appare egoista e arrogante e non ha alcuna considerazione per le esigenze di coloro che la circondano.

Da un punto di vista psicologico, il narcisismo è un tratto della personalità che è effettivamente presente in qualche misura nella personalità di tutti. Tuttavia, nella maggior parte delle persone questo tratto della personalità si esprime in modo sano e non influisce negativamente sulla propria vita o su quella delle persone che le circondano.

Alcuni tratti narcisistici possono persino essere benefici e far sembrare una persona più carismatica e interessante, ma se questi tratti narcisistici sono eccessivi, si parla di disturbo narcisistico di personalità.

Le persone che soffrono di disturbo narcisistico di personalità idealizzano se stesse e le loro capacità in modo esagerato e si ritraggono come persone migliori dei loro coetanei. Inoltre, i narcisisti hanno un bisogno eccessivo di ricevere riconoscimento e attenzione da parte dei loro coetanei e spesso sminuiscono gli altri per aumentare la propria autostima, poiché hanno una capacità di empatia inferiore rispetto alla maggior parte delle persone e spesso tendono a provare invidia per gli altri.

Esistono diverse teorie sullo sviluppo del narcisismo. Si presume che il narcisismo si sviluppi attraverso un'interazione di fattori genetici, psicologici e ambientali.

In molti casi, l'origine del disturbo di personalità risiede nell'educazione e nelle esperienze che hanno plasmato la persona nella prima infanzia. Esistono due approcci diversi a questo proposito.

Da un lato, l'origine del disturbo può essere che la persona colpita è stata eccessivamente ammirata e idealizzata dai genitori durante l'infanzia. Spesso i genitori viziano il figlio in modo estremo e cercano di allontanare qualsiasi tipo di frustrazione o delusione, facendo sì che il bambino sviluppi un'immagine di sé irrealistica.

D'altra parte, può anche accadere che una persona colpita abbia ricevuto troppo poco amore e riconoscimento dai genitori durante l'infanzia o che la stima del bambino sia stata fatta dipendere dai suoi risultati. Di conseguenza, il bambino sviluppa comportamenti narcisistici per compensare la mancanza di riconoscimento.

TIPI DI NARCISISMO

Secondo uno studio condotto da Russ e colleghi nel 2008, il disturbo narcisistico di personalità può essere suddiviso in tre tipi: narcisismo esibizionistico, narcisismo grandioso-maligno e narcisismo vulnerabile-fragile.

Le persone che hanno il disturbo narcisistico di personalità non appartengono necessariamente a uno solo di questi tipi. Molti narcisisti oscillano tra i diversi tipi.

Narcisismo esibizionista
Le persone che appartengono a questo tipo sono caratterizzate da un'eccessiva autostima e sono

estremamente convinte della propria superiorità. Pertanto, si vantano apertamente della loro magnificenza e dei loro successi in misura esagerata. Questi individui si presentano spesso come arroganti, egocentrici e freddi. Spesso si possono riconoscere immediatamente i tratti narcisistici di questa persona, motivo per cui questo tipo di narcisismo è chiamato anche narcisismo aperto.

Grandioso narcisismo maligno

Il tipo grandioso-maligno è molto simile al tipo esibizionista. Anche le persone di questo tipo sono caratterizzate da un'eccessiva autostima, ma anche da frequenti comportamenti aggressivi o antisociali. Queste persone spesso hanno poca o nessuna empatia e si sentono costantemente sottovalutate dagli altri. Inoltre, danneggiano gli altri con il loro comportamento, ad esempio sminuendo il prossimo per aumentare la propria autostima. Come il tipo esibizionista, questo tipo è facilmente riconoscibile come narcisista.

Narcisismo vulnerabile-fragile

A differenza degli altri due tipi, questo tipo di narcisista è spesso più difficile da identificare, motivo per cui viene anche descritto come narcisismo nascosto. Le persone colpite da questo tipo di narcisismo sono ipersensibili e appaiono vulnerabili e riservate al mondo esterno. Hanno problemi estremi a gestire le critiche e i rifiuti, tanto che possono arrivare al suicidio. La loro autostima oscilla tra un'estrema sicurezza di sé e sentimenti di inferiorità. Per compensare la loro autostima instabile, questi individui si ritraggono come migliori di quanto siano in realtà. Questo tipo di narcisismo è più comune nelle donne che negli uomini, motivo per cui viene chiamato anche narcisismo femminile.

SINTOMI DEL NARCISISMO

Il Manuale diagnostico e statistico dei disturbi mentali (DSM-IV) elenca nove sintomi in base ai quali una persona può essere diagnosticata come narcisista.

Il disturbo narcisistico di personalità è presente se si applicano almeno cinque dei seguenti criteri.

1. Le persone colpite hanno un senso esagerato e spesso infondato della propria importanza e si vedono superiori agli altri. Rappresentano i propri successi e punti di forza come migliori e più importanti di quanto non siano in realtà.

2. Hanno fantasie patologiche di potere e successo esagerati, di bellezza irrealistica o di idee d'amore

idealizzate.

3. Si vedono come una persona speciale, particolare e unica e sentono di essere compresi solo da persone che ritengono abbiano lo stesso livello di unicità.

4. Ne sentono il bisogno e si aspettano che i loro simili li ammirino eccessivamente.

5. Hanno grandi aspettative di essere trattati in modo particolarmente favorevole dagli altri e si aspettano che i loro simili rispondano sempre alle loro aspettative.

6. Non si fanno problemi a comportarsi in modo sfruttante nei confronti degli altri e ad approfittare dei loro simili per raggiungere i propri obiettivi.

7. Hanno poca o nessuna empatia e non sono in grado di immedesimarsi negli altri, ignorando i loro sentimenti e le loro esigenze.

8. Spesso provano invidia per i loro simili o presumono, senza una buona ragione, che gli altri li invidino.

9. Il loro comportamento e il loro pensiero sono arroganti e prepotenti.

Spesso, tuttavia, i narcisisti non possono essere identificati chiaramente nemmeno sulla base di questi criteri, poiché alcuni, ad esempio, non mostrano apertamente il loro modo di pensare arrogante o sono bravi a nascondere i loro comportamenti narcisistici.

Inoltre, studi recenti dimostrano che molti narcisisti hanno un'autostima molto bassa e la loro auto-rappresentazione idealizzata è solo un meccanismo protettivo per compensare la loro bassa autostima. Questo è in contrasto con il fatto che i narcisisti sono solitamente considerati estremamente sicuri di sé, grazie alla loro arroganza e alla loro grandiosa presentazione di sé.

SUGGERIMENTI PER IDENTIFICARE UN NARCISISTA

Per aiutarla a identificare un narcisista, anche se in alcuni casi non è così facile, ecco alcuni consigli che possono aiutarla a riconoscere più rapidamente un narcisista. La maggior parte dei narcisisti fa spesso un'ottima prima impressione e viene inizialmente vista come affascinante e attraente, in quanto il riconoscimento di coloro che li circondano è molto importante per loro e quindi si presentano all'inizio solo dal loro lato migliore.

Tuttavia, più conosce un narcisista, più le sarà facile riconoscere i suoi comportamenti e le sue intenzioni egoistiche. Di seguito sono spiegati alcuni dei modelli comportamentali più comuni dei narcisisti, che possono aiutarla a riconoscerli meglio e più rapidamente.

I narcisisti parlano per lo più di se stessi e dei loro successi, ritraendoli come eccessivamente importanti e non mostrano alcun interesse per le altre persone e i loro successi. Vogliono costantemente essere al centro dell'attenzione ed essere ammirati dagli altri. Spesso trattano gli altri con invidia e non riescono a gioire dei successi altrui, per cui parlano spesso in modo denigratorio o critico dei successi dei loro simili e li dipingono sempre come peggiori di loro stessi.

Tuttavia, i narcisisti stessi sono molto sensibili alle critiche, non vedono i propri difetti e non hanno capacità di auto-riflessione. Pertanto, si vedono costantemente nel ruolo di vittima e incolpano gli altri per i conflitti, anche se li hanno causati loro stessi. Inoltre, i narcisisti spesso non sono in grado di scusarsi per gli errori commessi o per i danni causati al prossimo, a causa della loro mancanza di empatia e di auto-visione.

Inoltre, molti narcisisti mostrano un comportamento aggressivo perché provano forti emozioni negative, come la rabbia o la gelosia, e le scaricano su chi li circonda. Inoltre, quando qualcosa non va secondo i loro piani, i narcisisti reagiscono con aggressività, perché hanno un forte bisogno di controllare le situazioni e le altre persone e diventano rapidamente frustrati se questo non funziona.

Un altro aspetto da cui si può riconoscere un narcisista è che prende più di quanto dà. Si aspettano che gli altri siano sempre disposti a fare ciò che chiedono loro, ma se lei stesso chiede un favore a un narcisista, nella maggior parte dei casi lo rifiuterà, a meno che non gli dia l'opportunità di spingere i propri obiettivi egoistici.

Per raggiungere i loro obiettivi o per presentarsi meglio, i narcisisti spesso dicono bugie, ad esempio su se stessi o sulle loro capacità. Inoltre, diffondono bugie o pettegolezzi su altre persone per metterle in cattiva luce rispetto a loro stessi.

A prima vista, i narcisisti spesso sembrano avere molti amici, perché sono bravi ad apparire carismatici e a presentarsi sotto una buona luce a chi li circonda. Per i narcisisti è molto importante mostrare di essere popolari e vantarsene. Tuttavia, queste amicizie sono solitamente superficiali, perché i narcisisti hanno difficoltà a costruire relazioni profonde a causa del loro comportamento egoista e della loro mancanza di empatia. Inoltre, il loro comportamento nei confronti degli altri oscilla tra la finta cordialità iniziale e la mancanza di rispetto e lo sfruttamento, motivo per cui molti narcisisti sono popolari all'inizio, ma la maggior parte delle persone riconosce la loro natura di sfruttatori dopo un po'.

Se conosce qualcuno nel suo ambiente che mostra tutti o molti di questi comportamenti, può presumere che questa persona sia probabilmente affetta da disturbo narcisistico di personalità o abbia tratti narcisistici superiori alla media.

Come si manifesta il narcisismo?

NARCISISMO NELLE DONNE

Come accennato in precedenza nel capitolo sui tipi di narcisismo, le donne tendono ad avere un narcisismo di tipo vulnerabile-fragile. Poiché questo tipo di narcisismo non è così evidente, spesso è più difficile identificare le donne narcisiste rispetto agli uomini narcisisti, che tendono ad essere più aperti sui loro tratti narcisistici. Gli scienziati ritengono che la tendenza al narcisismo nascosto nelle donne sia dovuta principalmente al fatto che le donne spesso ottengono punteggi più alti nei tratti di personalità dell'introversione e del nevroticismo e sono anche più dipendenti dal riconoscimento da parte degli altri rispetto agli uomini.

Il narcisismo femminile è caratterizzato da forti contrasti. Da un lato, le donne colpite cercano sempre di presentarsi all'esterno come perfette e sicure di sé, ma all'interno si sentono depresse, vuote e hanno molti dubbi su se stesse. La loro autostima è quindi molto instabile ed estremamente dipendente dal riconoscimento degli altri. Di solito la loro autostima oscilla tra un'estrema grandiosità e forti complessi di inferiorità.

I narcisisti attribuiscono grande importanza al loro aspetto e alla loro attrattiva. Ritengono che tutti i loro successi siano dovuti solo alle loro caratteristiche esteriori, per cui è molto importante per loro apparire sempre impeccabili e investono molto tempo nel loro aspetto. Questo le porta anche a sviluppare forti complessi se qualcosa del loro aspetto non corrisponde all'immagine perfetta che hanno di loro, il che spesso le fa tendere a sviluppare disturbi alimentari, ad esempio. Spesso, poiché sono così preoccupate delle loro caratteristiche superficiali, trascurano anche i loro bisogni psicologici e i loro sentimenti. Hanno anche difficoltà a credere che le esperienze positive e i successi possano essere attribuiti ai loro valori interiori, e li attribuiscono costantemente alla loro attrattiva esterna.

Le donne narcisiste hanno spesso aspettative irrealisticamente elevate su se stesse e grandi paure di non essere all'altezza. Come i narcisisti maschi, si vedono superiori agli altri e hanno fantasie di grandezza, ma non lo rivelano apertamente e lo vivono solo dentro di sé, perché hanno troppa paura delle critiche o del rifiuto da parte dei loro simili.

L'estrema paura delle critiche è un'altra caratteristica prominente del narcisismo femminile. Poiché l'autostima delle donne colpite è così instabile e fortemente dipendente dall'approvazione degli altri, anche piccole osservazioni critiche possono farle precipitare in profonde crisi emotive, che possono persino arrivare a farle sviluppare pensieri suicidi. Pertanto, non è raro che le donne narcisiste sviluppino altre malattie mentali, come la depressione o i disturbi d'ansia. Per essere sicure di ottenere il riconoscimento di cui hanno bisogno e per proteggersi dalle critiche, dirigono quasi tutte le loro azioni e i loro comportamenti verso ciò che pensano possa portare loro il riconoscimento dei loro pari. Per questo motivo, spesso si camuffano e non sono in grado di vivere la loro vera personalità.

Questa paura delle critiche è anche il motivo per cui, a differenza dei narcisisti maschi, non si comportano in modo apertamente aggressivo e degradante nei confronti degli altri. Temono che questo comportamento possa portare a commenti negativi da parte di chi li circonda e compromettere la facciata perfetta che cercano costantemente di mantenere.

Molte donne narcisiste appaiono molto sicure di sé agli occhi del mondo esterno, grazie alla loro perfetta presentazione di sé, ma ce ne sono anche molte che mostrano facilmente la loro insicurezza e quindi appaiono piuttosto ansiose e depresse. Questo è anche il motivo per cui spesso è più difficile identificare le donne come narcisiste e le donne hanno anche meno probabilità di ricevere una diagnosi di narcisismo.

NARCISISTI COME MADRI

Le madri narcisiste mettono se stesse al centro della famiglia. Invece di sacrificarsi per i figli e metterli al centro della loro vita, si aspettano che i figli siano sempre pronti a fare qualsiasi cosa per la madre. Questo spesso si traduce in una dinamica familiare in cui i figli tendono a prendersi cura della madre e ad adattarsi alle sue esigenze, a differenza di una dinamica familiare sana in cui la madre si prende cura dei figli ed è attenta alle loro esigenze.

Nonostante questa dinamica familiare dannosa, tuttavia, le famiglie delle donne narcisiste spesso appaiono perfette e impeccabili al mondo esterno, perché, come già accennato nel capitolo precedente, per le donne narcisiste è molto importante mantenere l'aspetto esteriore della perfezione, in modo da ricevere il riconoscimento dei loro coetanei. Si ritraggono come una madre perfetta e trasferiscono questo perfezionismo patologico anche ai figli. Ciò significa che hanno anche grandi aspettative nei confronti dei figli, affinché si comportino perfettamente all'esterno, in modo da mantenere l'apparenza di una famiglia perfetta.

Le madri narcisiste, pertanto, tendono spesso ad essere estremamente dispotiche, controllando i figli in ogni aspetto della loro vita e togliendo loro la libertà di scelta. Molte non vedono i loro figli come un individuo separato, ma solo come un'estensione di loro stesse, quindi per loro è importante che i figli si comportino come vogliono loro.

Vedendo i figli come un'estensione di se stesse, proiettano anche le proprie insicurezze e i propri complessi sui figli e sono eccessivamente critiche nei loro confronti. In particolare, la madre narcisista vede le sue figlie come un riflesso di se stessa e cerca di controllare la loro vita. Spesso vedono anche i figli come una competizione e sviluppano sentimenti di invidia se, ad esempio, hanno delle capacità che la madre non ha o se sono esteriormente più attraenti di lei. In questo caso, ciò rappresenta una grande minaccia per l'instabile autostima della madre narcisista. Per compensare questo, spesso svalutano i figli e i loro successi o li attribuiscono solo alla loro buona educazione da parte loro. In questo modo, si ritraggono costantemente come superiori ai loro figli.

Inoltre, le madri narcisiste raramente mostrano comprensione o affetto per i loro figli. Ciò è dovuto alla loro scarsa capacità di empatia. Spesso hanno solo un rapporto molto superficiale con i figli e non riescono a sviluppare un rapporto sano e più profondo con i figli. In molti casi, non amano i figli in prima persona, ma il modo in cui i figli li ammirano, perché questo aumenta la loro autostima. Pertanto, hanno difficoltà ad accettarlo quando i figli crescono e iniziano ad allontanarsi da loro.

Sono anche molto sensibili alle critiche dei figli, poiché non possono accettarle se non si comportano secondo la loro volontà e mettono a rischio l'immagine della famiglia perfetta.

Nel complesso, quindi, le madri narcisiste si aspettano che tutti i membri della famiglia si conformino alle loro esigenze e alle loro idee, e che rispondano ai loro desideri in ogni momento senza critiche, creando una dinamica familiare molto dannosa.

EFFETTI DEL NARCISISMO SUI METODI GENITORIALI

La caratteristica principale dei metodi genitoriali utilizzati dalle madri narcisiste è che insegnano ai figli a trascurare le proprie esigenze e a rispondere solo a quelle della madre.

Le madri narcisiste hanno aspettative molto elevate nei confronti dei figli, poiché spesso li vedono come un'estensione di se stesse e trasferiscono i propri complessi, ma anche i propri obiettivi, ai figli. Questo è il motivo per cui i figli delle narcisiste sono sottoposti a un'enorme pressione per ottenere buoni risultati a scuola, ad esempio. Per assicurarsi che i suoi figli si sforzino sempre di soddisfare le sue aspettative, la madre narcisista dà ai suoi figli affetto e feedback positivi solo se soddisfano le sue alte aspettative. Se ciò non avviene, i figli vengono verbalmente messi in difficoltà in modi estremi o addirittura puniti con la violenza. Poiché i narcisisti non provano empatia, non hanno problemi a usare la violenza come metodo genitoriale e a fare del male ai loro figli, perché non si sentono in colpa. Questo è anche il motivo per cui le madri narcisiste di solito non mostrano affetto o amore ai loro figli, perché non sono in grado di formare relazioni più profonde e quindi danno affetto ai loro figli solo sotto forma di complimenti superficiali. Possono essere complimenti sull'aspetto del bambino, ad esempio.

Inoltre, i narcisisti sono desiderosi di mantenere il controllo sul figlio in ogni momento. Dicono ai figli come comportarsi, quali decisioni prendere e interferiscono in ogni aspetto della loro vita. Non rispettano la privacy dei figli e oltrepassano costantemente qualsiasi tipo di limite, vedendo i figli solo come un'estensione di loro stessi. Pertanto, non capiscono che il figlio è un individuo a sé stante e ha bisogno di privacy e di libertà di scelta.

Molte madri narcisiste crescono i loro figli come perfezionisti patologici, poiché l'aspetto esteriore di una famiglia perfetta è enormemente importante per loro. Spesso si comportano come una madre perfetta anche quando ci sono altre persone e si vantano di tutti i risultati raggiunti dal figlio. Tuttavia, attribuiscono sempre tutto questo alla loro buona educazione e lo vedono come un loro risultato personale.

Le madri narcisiste raramente mostrano comprensione ed empatia per i loro figli. Se il figlio le confida i suoi problemi o ha bisogno di conforto da parte sua, lei minimizza i problemi del bambino o lo incolpa per le sue preoccupazioni, invece di offrirgli conforto. Spesso trasforma queste conversazioni in conversazioni sui suoi problemi piuttosto che su quelli del bambino, poiché i narcisisti vogliono sempre essere al centro dell'attenzione.

La creazione di sensi di colpa è un'altra caratteristica importante dei metodi genitoriali delle madri narcisiste. Se il bambino disobbedisce alle sue richieste, lo dipinge come ingrato e cerca di farlo apparire come il colpevole. Inoltre, si vanta anche di tutto ciò che ha fatto per il bambino e lo dipinge come se stesse sempre trascurando le proprie esigenze per il figlio, il che non fa che creare ulteriori sensi di colpa nel bambino.

Se il figlio cerca di far valere i propri interessi, lei lo accusa di essere egoista e di pensare solo a se stesso. Al contrario, la madre narcisista si aspetta che il figlio sia sempre pronto a sacrificarsi per i propri bisogni e obiettivi egoistici, anche se il figlio deve trascurare i propri nel processo.

Molte madri narcisiste provano anche invidia per i loro figli, soprattutto per le figlie. Pertanto, temono molto che i loro figli possano essere migliori di loro in alcuni ambiti. Per evitare che ciò accada, spesso si adoperano attivamente per impedire ai figli di ottenere successi che potrebbero farli dubitare di loro stessi e farli apparire più di successo di quanto non siano ai loro occhi. Ad esempio, mettono i figli in una posizione di estrema difficoltà e dicono loro che non potrebbero mai ottenere qualcosa nella loro vita.

Un altro metodo che le madri narcisiste utilizzano per creare dubbi nei loro figli è quello di paragonarli agli altri bambini in modo svalutante. Di conseguenza, i bambini imparano a sentire di valere meno dei loro coetanei e sviluppano forti complessi.

Inoltre, i narcisisti spesso mentono ai figli e negano i loro comportamenti. Per esempio, se il bambino fa notare loro eventi o comportamenti che hanno causato danni al bambino, loro li negano e ritraggono il bambino come se stesse mentendo o se lo stesse solo immaginando. Questo compromette gravemente la fiducia tra madre e figlio.

Nel complesso, diventa chiaro che la madre narcisista vuole ottenere, attraverso i suoi metodi genitoriali, che il figlio diventi estremamente dipendente da lei e non sia in grado di sviluppare una personalità propria.

Caratteristiche speciali dell'educazione dei fratelli e delle sorelle

Se un narcisista ha diversi figli, nella maggior parte dei casi si sviluppa una dinamica familiare in cui ai figli vengono assegnati ruoli diversi. Si fa una distinzione tra il ruolo del "capro espiatorio" e quello del figlio "d'oro".

Attraverso questi ruoli, la madre proietta sui figli la propria autostima instabile, che oscilla sempre tra complessi di inferiorità e grandiosità.

Il bambino, a cui viene assegnato il ruolo di capro espiatorio, viene trattato come se non fosse mai abbastanza e spesso viene malignato dalla madre. Inoltre, viene sempre considerato il colpevole e il responsabile di tutti i problemi all'interno della famiglia. Accade più spesso che le figlie assumano questo ruolo.

Al contrario, il bambino d'oro viene rappresentato come perfetto, più spesso viene lodato e incitato ad abbattere il bambino che ricopre il ruolo di capro espiatorio. Molto spesso, la madre narcisista cerca di realizzare se stessa e i suoi obiettivi attraverso questo figlio. Questo ruolo è più spesso affidato ai figli maschi.

Può anche accadere che la distribuzione dei ruoli cambi nel tempo. In questo modo, che divide i bambini in buoni e cattivi, c'è molta gelosia e competizione tra i fratelli.

Effetti del narcisismo

RELAZIONE TRA LE MADRI NARCISISTE E I LORO FIGLI

Nella maggior parte dei casi, le madri narcisiste danno ai figli il ruolo di figlio d'oro. Di conseguenza, i figli sono idealizzati in misura malsana e la madre cerca sempre di mantenere il controllo sulla vita del figlio. Spesso costruiscono l'autostima del figlio attraverso le lodi e si vantano del figlio con gli altri, ma d'altra parte sono anche molto critiche nei loro confronti a casa e criticano ogni piccolo comportamento sbagliato per mantenere il controllo su di loro. Le madri narcisiste si pongono al centro della vita del figlio, vogliono essere l'unica persona ammirata da lui e quindi sviluppano forti sentimenti di gelosia nei confronti di tutte le altre persone che si occupano di lui, dei suoi amici e in seguito anche dei suoi partner.   Spesso ne parlano male davanti ai loro figli e cercano di farli separare da queste persone.

Spesso nella relazione tra una madre narcisista e suo figlio si sviluppa un forte rapporto di dipendenza reciproca.

Il figlio non può sviluppare una propria personalità stabile o la capacità di prendere le proprie decisioni a causa del rigido controllo della madre. Si sente dipendente dalla madre e spesso ha forti timori di perdita nei suoi confronti.

Con la madre che assume un ruolo così presente nella sua vita, impara a mettere da parte i propri bisogni per mettere al primo posto quelli della madre. Da un lato, ci sono figli che cercano sempre di compiacere la madre e di rispondere alle sue esigenze, ma dall'altro ci sono anche figli che, crescendo, iniziano a ribellarsi alla madre e vogliono fare di testa loro.

Anche in età adulta, i figli dei narcisisti si sentono inferiori alle donne, motivo per cui tendono ad essere subordinati ai loro partner. Le loro relazioni sono caratterizzate da sfiducia e paura di perdere. Spesso provano anche forti sentimenti negativi nei confronti del partner o un odio generale per le donne, perché li spaventa quanto dipendono da loro.

Questo odio deriva anche, tra l'altro, dal fatto che nel loro subconscio provano un odio per la madre per il fatto che si sentono così controllati da lei, ma non riescono a staccarsi da lei. A loro volta, trasferiscono questo odio ad altre donne. Al contrario, alcuni figli di madri narcisiste adottano i tratti narcisistici della madre e si comportano in modo manipolativo ed egoista anche nei confronti del partner.

È più probabile che ciò avvenga con i figli maschi che con le figlie femmine, in quanto le madri narcisiste tendono a idealizzare i figli maschi e a rafforzare la loro autostima, mentre tendono a vedere le figlie femmine come una concorrenza e quindi a sminuirle.

La madre narcisista dipende dal figlio, nel senso che lo vede come una fonte di approvazione maschile. Per lei è fondamentale che il figlio la ammiri e dipenda da lei in modo malsano, perché questo la aiuta a costruire la sua autostima instabile. Pertanto, non riesce a gestire il fatto che suo figlio sviluppi interesse per altre donne e provi una forte invidia nei loro confronti. Si intromette nelle relazioni del figlio e le vede come una competizione.

In casi estremi, a seconda della relazione con il padre dei figli, la madre può anche cercare un sostituto del partner nel figlio. Questo può creare problemi edipici nel rapporto tra madre e figlio. La madre seduttiva e narcisista sessualizza la relazione tra lei e suo figlio e si comporta in modo inappropriato nei confronti del figlio.

Nella maggior parte dei casi, questo incesto rimane solo a livello emotivo, ma i figli sviluppano comunque fantasie edipiche e un forte impulso sessuale verso la madre. La madre narcisista reagisce a questo incoraggiando il figlio nelle sue fantasie o facendolo vergognare e rendendolo lui stesso colpevole di aver sviluppato questi sentimenti. In questo caso, il complesso di Edipo può essere risolto solo se il figlio ha un rapporto stretto con il padre. In caso contrario, il figlio si lega ancora di più alla madre e talvolta arriva a vedere il padre come un concorrente.

Nel complesso, le madri narcisiste sviluppano una relazione molto malsana con i figli, che si basa fortemente sulla dipendenza reciproca e può anche assumere tratti sessuali. I figli ne sono influenzati per tutta la vita, soprattutto nei rapporti con i partner successivi.

RELAZIONE TRA LE MADRI NARCISISTE E LE LORO FIGLIE

A differenza dei figli, le madri narcisiste di solito assegnano il ruolo di capro espiatorio alle loro figlie. Questo perché vedono una competizione femminile nelle loro figlie e quindi vogliono che sviluppino una bassa autostima. Provano un'enorme paura che la figlia possa essere esteriormente più attraente, più intelligente o migliore di loro in altri ambiti, perché questo danneggerebbe ulteriormente la loro già bassa autostima. Per evitare che la figlia sviluppi queste qualità e per aumentare la propria autostima, la madre narcisista critica la figlia per ogni piccolo dettaglio e le fa sentire che non sarà mai abbastanza brava, facendole sviluppare forti complessi.

Ci sono anche molte madri narcisiste che vedono se stesse nella figlia e cercano di realizzare i propri sogni e obiettivi attraverso di lei. Si sforzano di plasmare la figlia in una versione di loro stesse e di assumere il pieno controllo della sua vita, in modo da poter, ad esempio, raggiungere attraverso di lei obiettivi professionali che non potrebbero raggiungere da sole. Qui, come nel rapporto madre-figlio, si sviluppa una forte relazione di dipendenza.

La figlia si sente dipendente dalla madre, perché per tutta la vita ha imparato a vivere solo in base agli ideali e alle esigenze della madre. Le figlie di madri narcisiste, inoltre, spesso non sviluppano una personalità individuale stabile e non riescono a prendere decisioni per se stesse e sulla propria vita. Anche in età adulta, quando prendono decisioni importanti, spesso si chiedono come la madre avrebbe deciso per loro.

Poiché le madri narcisiste vedono se stesse nella loro figlia, trasferiscono anche il loro desiderio di perfezionismo alla figlia e la crescono affinché appaia sempre perfetta e impeccabile al mondo esterno. Danno amore alle figlie solo se mantengono questi standard di perfezione, altrimenti le sminuiscono. Pertanto, le figlie imparano presto ad adattarsi sempre all'ambiente e all'umore della madre, e hanno un'estrema paura di sbagliare.

Più avanti nella vita, le figlie dei narcisisti hanno anche problemi a resistere agli altri. Attraversano la vita con una grande insicurezza e si lasciano comandare dal partner anche nelle loro relazioni, perché hanno imparato nell'infanzia che non possono prendere decisioni autonome sulla loro vita.

Un'altra caratteristica della relazione tra una madre narcisista e sua figlia è che la madre spesso interferisce nelle relazioni di coppia della figlia anche in età avanzata. Spesso questo è addirittura così estremo che la madre cerca di sedurre i partner della figlia o proibisce alla figlia di avere una relazione con certi uomini, ma poi a sua volta cerca di avere una relazione con gli stessi uomini.

Nel complesso, la relazione tra una madre narcisista e sua figlia è caratterizzata prevalentemente da lotte competitive e dal tentativo della madre di vivere attraverso la figlia e di plasmarla a sua immagine.

PROBLEMI E DISTURBI MENTALI CHE POSSONO MANIFESTARSI NEI BAMBINI

La relazione tra una madre narcisista e i suoi figli è un legame molto malsano, caratterizzato principalmente da dipendenza reciproca e controllo eccessivo. Poiché le esperienze che si fanno durante l'infanzia e il rapporto che si costruisce con la propria madre sono fondamentali per uno sviluppo psicologico sano, la maggior parte dei figli di narcisisti sviluppa gravi problemi psicologici a causa di questo legame dannoso.

A causa dell'impulso della madre narcisista di essere al centro dell'attenzione in ogni situazione, i suoi figli imparano presto a stare da soli, per cui hanno anche difficoltà a fare affidamento sugli altri. Spesso sviluppano problemi di fiducia in età precoce e si comportano in modo riservato con le persone al di fuori della famiglia.

Inoltre, nella maggior parte dei casi i bambini non possono sviluppare una propria personalità stabile, perché la madre assume il controllo della loro vita e delle loro decisioni in ogni momento. Imparano a pensare di essere amabili e preziosi solo se soddisfano le alte aspettative della madre. Di conseguenza, i figli si conformano patologicamente alla madre e alla sua volontà e diventano, per così dire, solo un'immagine speculare della madre, anziché un individuo indipendente. Spesso i figli di narcisisti perdono l'accesso ai propri sentimenti e desideri.

Pertanto, spesso non possono esprimersi come si sentono o cosa vogliono. Non sono in grado di apprendere l'abilità dell'indipendenza in alcun modo e dipendono sempre dal ricevere istruzioni dalla madre, ma anche da altri esseri umani.

Inoltre, spesso si sviluppa una relazione dannosa anche tra i fratelli, perché vengono trattati in modo diverso dalla madre, confrontati tra loro e messi l'uno contro l'altro. Molti fratelli che hanno una madre narcisista provano un'estrema invidia e talvolta odio reciproco.

In molti casi, i figli sono così dipendenti dalla madre che non si rendono nemmeno conto dell'esistenza di un problema in famiglia. Tuttavia, a causa della pressione che la madre esercita su di loro, soffrono di uno stato permanente di tensione psicologica interna, che può portarli a sviluppare malattie mentali significative. Nella maggior parte dei casi, le madri narcisiste non riconoscono quando il figlio soffre di una malattia mentale. Spesso si vergognano del figlio perché non rientra nella loro visione di una famiglia perfetta e fanno in modo che il bambino sopprima i suoi sintomi. Questo può peggiorare i sintomi o i figli li reprimono nel loro subconscio in modo malsano.

A volte i sintomi ricompaiono a fasi alterne o il bambino sviluppa nuovi sintomi. La madre ritiene impossibile essere responsabile dei problemi del bambino e dà la colpa al bambino stesso, ad altre persone o a fattori esterni. D'altra parte, però, ci sono anche madri narcisiste che riconoscono che il loro bambino ha un problema, ma lo usano per mettere se stesse al centro e per porsi nel ruolo di vittima. Si lamentano di quanto sia difficile con il loro bambino e di quanto siano oppresse dal loro figlio.

Il paragrafo seguente spiega brevemente alcune delle malattie mentali che i bambini potrebbero sviluppare.

Comportamento aggressivo o antisociale

Alcuni bambini sviluppano un atteggiamento aggressivo nei confronti dell'ambiente circostante a causa del controllo permanente della madre. Si sentono confinati a casa e devono reprimere tutti i loro sentimenti, quindi spesso sfogano i loro sentimenti repressi sull'ambiente e sugli altri esseri umani sotto forma di aggressività.

Disturbi d'ansia o fobie

A causa del legame instabile con la madre, i bambini si sentono costantemente insicuri e imparano che possono essere in pericolo in qualsiasi momento, poiché la madre narcisista a volte li punisce in modo estremo per piccoli errori. Da questo possono svilupparsi anche altre paure estreme. Soprattutto in relazione all'ambiente sociale, i bambini sviluppano fobie, poiché nella prima infanzia non hanno potuto sperimentare la madre come confidente e lei li ha spesso respinti. Di conseguenza, i bambini non hanno mai potuto imparare davvero a fidarsi delle altre persone e in molti casi soffrono in seguito di fobia sociale o agorafobia, per esempio. Molti bambini soffrono anche di fobia scolastica, che può essere spiegata dalla forte pressione esercitata dalla madre per ottenere buoni risultati. Ma spesso si manifestano anche altre fobie, come l'aracnofobia.

Disturbi alimentari

La madre narcisista spesso trasferisce il suo perfezionismo patologico anche ai figli. Per questo motivo, sviluppano forti complessi, soprattutto quando si tratta del loro aspetto, perché la madre insegna loro che il loro aspetto è molto importante. Per conformarsi all'ideale della madre, non è raro che i figli sviluppino disturbi alimentari come l'anoressia, la bulimia o il disturbo da abbuffata. Un altro motivo per cui i bambini sviluppano questi disturbi è che i disturbi alimentari spesso danno a chi ne soffre un senso di controllo. Essendo controllati dalla madre in quasi tutti gli ambiti della loro vita, possono sentirsi come se potessero prendere il controllo da soli in almeno un ambito della loro vita.

Disturbo ossessivo-compulsivo

Come per i disturbi alimentari, lo sviluppo di disturbi ossessivo-compulsivi nei figli di narcisisti può essere spiegato dal perfezionismo patologico e dal desiderio di controllo. I bambini possono sviluppare compulsioni per ordinare o controllare, ad esempio.

Disturbi dell'attaccamento

In molti casi, i bambini dipendono dalla madre in modo malsano e provano una forte ansia da separazione. Questo spesso si ripercuote sui legami con le altre persone. Hanno problemi a costruire la fiducia e la vicinanza con gli altri esseri umani, perché non sono mai stati in grado di impararlo nel legame con la madre.

Depressione e pensieri/tentativi di suicidio

Spesso i bambini soffrono talmente tanto per la pressione psicologica che la madre esercita su di loro, che possono sviluppare una depressione. In casi estremi, questo può persino portare a pensieri suicidi o, infine, a tentativi di suicidio.

Abuso di alcol o droga

A volte può accadere che i ragazzi inizino a fare uso di alcol o droghe nell'adolescenza per distrarsi dallo stress psicologico.

Tratti di personalità narcisistici

Soprattutto i bambini che sono cresciuti nel ruolo di figlio d'oro e che sono stati idealizzati piuttosto che criticati dalla madre, possono adottare alcuni tratti della personalità narcisistica della madre in età precoce. Non di rado, questo li porta a sviluppare essi stessi un disturbo narcisistico di personalità in età adulta.

Ulteriori disturbi

Altri disturbi mentali che possono verificarsi nei figli di madri narcisiste sono, ad esempio, l'ADHD, i disturbi del sonno, i disturbi del linguaggio, i disturbi da tic, i disturbi della concentrazione, le difficoltà di lettura e di ortografia o i disturbi aritmetici.

DANNI PSICOLOGICI PERMANENTI IN ETÀ ADULTA

Molti dei problemi psicologici e dei comportamenti che i bambini sviluppano durante l'infanzia li influenzano ancora quando raggiungono l'età adulta.

Gli adulti che sono cresciuti con una madre narcisista sono spesso molto dipendenti. È difficile per loro prendere le proprie decisioni, spesso le prendono in base a come la madre avrebbe deciso per loro o, se sono ancora in contatto con la madre, lasciano che sia lei a prendere tutte le decisioni per loro in età adulta.

Hanno forti problemi a definire chi sono e a capire i propri interessi e desideri, poiché non hanno mai avuto l'opportunità di sviluppare liberamente la propria personalità. Spesso si sentono costretti a essere sempre come gli altri per essere accettati, dato che la madre ha cercato di plasmarli nella sua immagine speculare da bambini. Per loro è molto importante compiacere sempre gli altri esseri umani. Spesso si sentono in colpa per perseguire i propri interessi e la propria volontà, poiché da bambini è stato insegnato loro che è sbagliato esprimere i propri desideri. Inoltre, è difficile per loro esprimere la propria opinione e difenderla.

Come la loro madre narcisista, hanno notevoli problemi a gestire le critiche, poiché spesso assumono loro stessi l'instabile autostima della madre. Anche piccole osservazioni critiche possono abbassare enormemente la loro autostima e farle precipitare in crisi profonde.

In genere sono anche molto sensibili all'ambiente circostante e hanno difficoltà a creare fiducia o legami più stretti con le persone che li circondano. In molti casi, si isolano da chi li circonda perché hanno una forte paura di essere abbandonati, impedendo così di avere intorno a sé persone da cui potrebbero essere abbandonati. Anche alcuni adulti che sono stati plasmati nell'infanzia da una madre narcisista sviluppano la sindrome dell'aiutante. Per il motivo che molti hanno dovuto prendersi cura della madre durante l'infanzia, piuttosto che lei si prendesse cura di se stessa, cercano anche in età adulta di aiutare sempre gli altri in modo patologico, anche se questo danneggia se stessi o devono trascurare le proprie esigenze per farlo.

La relazione tra fratelli cresciuti con una madre narcisista è spesso molto danneggiata anche in età adulta. A causa dell'invidia e di altri sentimenti negativi che hanno plasmato il rapporto tra i fratelli durante l'infanzia, in molti casi non sono in grado di costruire un rapporto sano e amorevole tra loro nemmeno in seguito.

Nonostante questi fardelli psicologici, capita spesso che i figli dei narcisisti appaiano di grande successo da adulti, almeno esteriormente. Alcuni raggiungono gli obiettivi elevati che la madre ha fissato per loro, ma spesso questo avviene solo a causa dell'enorme pressione a esibirsi e del perfezionismo delirante.

Spesso sono piuttosto infelici, contrariamente all'aspetto esteriore di una vita di successo, il che è dovuto principalmente al fatto che non hanno realizzato i propri obiettivi e sogni, ma solo quelli della madre. Inoltre, capita anche che sviluppino un disturbo narcisistico della personalità e che si comportino in modo egoistico e sfruttatore nei confronti delle altre persone, al fine di aumentare la propria bassa autostima.

Anche le relazioni successive sono influenzate dall'infanzia con una madre narcisista. Molte persone colpite hanno idee sbagliate e malsane su cosa siano le relazioni e l'amore. Durante l'infanzia hanno imparato che ricevono l'amore solo se fanno ciò che la madre dice loro di fare, quindi presumono di poter essere amate dal partner solo se si sottomettono a lui e ascoltano le istruzioni della madre. Questi modi di pensare malsani sono spesso difficili da correggere e di solito portano le persone che ne soffrono ad avere relazioni tossiche. Spesso cercano anche partner o amici narcisisti, perché desiderano qualcuno che li domini e dia loro istruzioni.

Inoltre, le persone colpite portano le malattie mentali sviluppate da bambini nell'età adulta e possono soffrirne per tutta la vita.

Nel complesso, è difficile per i figli dei narcisisti condurre una vita normale e formare legami sani con i propri simili, anche in età adulta. Durante l'infanzia hanno appreso numerosi comportamenti e modi di pensare dannosi, dai quali spesso hanno difficoltà a staccarsi.

Quali terapie sono disponibili ?

OPZIONI DI TERAPIA PER I FIGLI DI UNA MADRE NARCISISTA

Molte persone che sono cresciute con una madre narcisista hanno difficoltà ad ammettere a se stesse che potrebbero aver bisogno di una terapia. Questo perché la madre li ha convinti che i loro problemi non esistono realmente, oppure hanno imparato che non si adattano al quadro perfetto della loro vita e quindi provano vergogna per i loro problemi. Inoltre, il controllo che la madre esercita spesso impedisce loro di cercare aiuto, anche da adulti, perché vivono ancora con la paura di deludere la madre. Inoltre, per alcune persone è difficile capire che la madre si è comportata male nei loro confronti, perché nell'infanzia è stato insegnato loro che questo comportamento era normale. Spesso difendono il comportamento sbagliato della madre e si sentono in colpa per aver classificato il suo comportamento come cattivo. Pertanto, se ha una madre narcisista, il primo e più importante passo è ammettere a se stessi che qualcosa è andato storto in famiglia e che non devono sentirsi in colpa per cercare aiuto.

Nella maggior parte dei casi, è assolutamente necessario cercare un aiuto professionale e sottoporsi a psicoterapia, poiché le persone colpite hanno appreso molti modi malsani di pensare e di comportarsi durante l'infanzia, che hanno difficoltà a correggere da soli.

Tuttavia, per i bambini che non hanno ancora interiorizzato questi modi di pensare e di comportarsi in modo così forte, può già essere d'aiuto avere una persona di riferimento comprensiva e indipendente dalla madre, con cui parlare dei propri sentimenti e delle proprie esperienze. Questa persona di riferimento dovrebbe avere una buona empatia ed essere in grado di spiegare al bambino che gli è permesso essere una persona indipendente e che non deve sentirsi in colpa per non seguire da solo la volontà della madre.

Questo aiuta il bambino a riconoscere precocemente il comportamento tossico della madre e a imparare che non ne ha colpa. Impara anche a costruire un legame sano con una persona di riferimento e che esiste un'altra realtà rispetto a quella della madre. Idealmente, questo aiuta i bambini a correggere i modelli di pensiero malsani che hanno appreso dalla madre in tenera età, in modo che possano essere indipendenti da adulti, riconoscere rapidamente i comportamenti distruttivi negli altri e costruire relazioni sane con gli altri.

Tuttavia, se la persona colpita non è stata in grado di correggere i suoi modi di pensare già nell'infanzia, è molto importante cercare un aiuto professionale sotto forma di terapia. È molto importante trovare un terapeuta adatto. Il terapeuta deve essere enfatico ed è anche un vantaggio se ha avuto esperienza con i disturbi della personalità e soprattutto con il narcisismo. All'inizio è consigliabile incontrare diversi terapeuti per trovarne uno adatto e per provare diversi metodi di terapia, poiché molte persone colpite soffrono anche di altre malattie mentali che devono essere trattate individualmente. Se durante le prime sedute o in quelle successive nota che il terapeuta non è adatto o che non si sente a suo agio con lui/lei, dovrebbe piuttosto vedere altri terapeuti fino a quando non ne trova uno adatto.

La terapia in sé consiste principalmente nel riconoscere i comportamenti tossici della propria madre e nel comprendere l'impatto che hanno sulla propria vita e sul proprio comportamento. Si scoprono i messaggi e i punti di vista malsani ricevuti attraverso la madre e li si sostituisce con modi di pensare più sani. Le dinamiche familiari patologiche vengono esaminate consapevolmente e il terapeuta aiuta il paziente a sviluppare strategie di soluzione.

È anche importante che le persone colpite costruiscano un'autostima stabile e imparino a non dipendere più dal controllo della madre. Questo li aiuta a sviluppare la propria personalità e a prendere decisioni indipendenti. In questo modo, sono in grado di prendere in mano la propria vita senza essere influenzati dalla madre.

Nel complesso, spesso è difficile per le persone cresciute con una madre narcisista ottenere l'aiuto di cui hanno bisogno, perché hanno interiorizzato molti modi di pensare malsani, ma se trovano la forza di cercare una terapia, questi modi di pensare possono essere corretti e diventa possibile per la persona colpita condurre una vita normale.

OPZIONI DI TERAPIA PER LE MADRI NARCISISTE

Nella maggior parte dei casi, i narcisisti non si fanno curare il loro disturbo mentale. Questo perché non riconoscono i propri problemi o negano di avere un disturbo, perché lo vedrebbero come un difetto. Un disturbo mentale sarebbe contrario all'immagine perfetta che vogliono dare di sé al mondo esterno. Inoltre, spesso si considerano troppo superiori e speciali per soffrire di una malattia mentale.

Tuttavia, se i narcisisti decidono di rivolgersi a un terapeuta, lo fanno prevalentemente per motivi egoistici. Una ragione può essere, ad esempio, che sviluppano altre malattie mentali, come la depressione, che hanno un forte impatto negativo sulla loro vita e decidono quindi di cercare una terapia. Alcuni acconsentono anche alla terapia se vengono spinti abbastanza dal loro ambiente.

In alcuni casi, per le madri narcisiste, un'interruzione dei contatti con il figlio è anche un evento che fa riflettere, poiché spesso sono molto dipendenti dal ricevere l'ammirazione del figlio nei loro confronti e vedono il bambino come un'estensione di se stesse. Pertanto, una rottura le fa sentire come se avessero perso il controllo di una parte di loro stesse, e vedono la terapia come un tentativo di riconquistare il figlio.

Nonostante questo, la maggior parte dei narcisisti spesso abbandona la terapia dopo poche sedute. Tuttavia, vale la pena di provare a parlare con sua madre narcisista della possibilità di una terapia, ma deve essere preparato al fatto che molto probabilmente non risponderà al suggerimento e negherà di avere un problema o si sentirà attaccato dal suggerimento.

È anche relativamente difficile curare completamente il disturbo narcisistico di personalità, a causa della scarsa consapevolezza di sé, ma almeno i sintomi possono essere ridotti, in modo da diminuire il peso che essi rappresentano per coloro che li circondano.

Per i terapeuti è particolarmente difficile trattare un paziente con disturbo narcisistico di personalità, perché non vuole riconoscere i propri problemi, il che rende difficile affrontarli direttamente e parlarne apertamente. Inoltre, i narcisisti spesso credono di avere diritto a un trattamento speciale a causa del loro senso di superiorità, oppure cercano di manipolare il terapeuta e di portarlo sotto il loro controllo. I narcisisti spesso cercano di fare pressione sui loro terapeuti affinché si comportino in un certo modo. Spesso capita anche che li idealizzino e li ammirino molto, oppure che nutrano forti sentimenti negativi nei loro confronti, come l'invidia. Questi sentimenti possono anche oscillare sempre da un estremo all'altro.

Per questo motivo, è estremamente importante che il terapeuta stabilisca dei confini chiari quando tratta un narcisista, che non devono essere oltrepassati. Inoltre, deve essere empatico e comprensivo nei confronti del paziente, nonostante il suo comportamento danneggi il prossimo. Il narcisista non deve essere confrontato direttamente con il suo comportamento, perché lo vedrebbe come una falsa accusa e si sentirebbe attaccato a causa della sua scarsa capacità di gestire le critiche. Il terapeuta non deve inoltre giudicare moralmente il comportamento del suo paziente come giusto o sbagliato, ma deve essere in grado di vederlo in modo neutrale.

Nell'ambito della terapia, si cerca innanzitutto di identificare gli schemi di pensiero malsani del paziente che innescano il suo comportamento dannoso nei confronti del prossimo e poi di correggerli. Ciò avviene, ad esempio, insegnando al paziente a non far dipendere più la sua autostima da altre persone e da caratteristiche superficiali, in modo che egli stesso impari a costruire un'autostima stabile. La capacità di empatia può essere allenata, tra l'altro, con giochi di ruolo in cui il paziente può rendersi conto di come il suo comportamento influisce sulle altre persone e quali sentimenti scatena in loro.

Alla fine, nonostante tutto, è difficile liberare la propria madre narcisista dalla sua malattia mentale, perché nella maggior parte dei casi lei stessa non lo ritiene necessario. Pertanto, è consigliabile che i figli non si illudano e non si impegnino troppo per aiutare la madre, ma si occupino piuttosto dei propri problemi mentali. Dopotutto, è importante rendersi conto che, in quanto figli, non si è responsabili della guarigione dei propri genitori; questa responsabilità è a carico delle madri narcisiste stesse.

MARIAM LEHMHUIS

Affrontare una madre narcisista

SUGGERIMENTI PER AFFRONTARE E VIVERE CON UNA MADRE NARCISISTA

È un pesante fardello psicologico avere una madre narcisista, soprattutto se vive ancora con lei e non ha ancora la possibilità di trasferirsi. Tuttavia, per facilitarle la convivenza con sua madre, ecco alcuni consigli per affrontare i narcisisti.

Prima di tutto, è estremamente importante che lei rafforzi la sua fiducia in se stessa e che impari a riconoscere il suo valore. Questo la aiuterà a mantenere un'autostima stabile nonostante i tentativi di sua madre di umiliarla e di farle sentire che non vale nulla. Si liberi della mentalità secondo cui la sua autostima dipende dall'approvazione di sua madre, perché per quanto si sforzi di soddisfare le sue aspettative, molto probabilmente non sarà mai soddisfatta e avrà sempre aspettative più alte.

A livello emotivo, dovrebbe anche cercare di prendere le distanze da sua madre. Se ha bisogno di conforto o di consigli, ad esempio, di solito è meglio rivolgersi a qualcun altro che le sia vicino e sia empatico. Questo perché la sua madre narcisista ha una scarsa capacità di empatia e quindi non può darle il conforto di cui ha bisogno.

Spesso tenderebbe addirittura a farla sentire peggio e a farla sentire in colpa, oppure a concentrarsi su se stessa e a parlare dei propri problemi invece di ascoltarla. Per questo motivo, in genere è importante che trovi altre persone comprensive e con cui parlare delle sue preoccupazioni. Può anche frequentare dei gruppi di sostegno, ad esempio, per parlare con altre persone che hanno avuto esperienze con genitori narcisisti.

Un altro consiglio è quello di cercare un equilibrio che possa distrarla dall'ambiente negativo e aiutarla a elaborarlo meglio. Può trattarsi di un hobby o di un club, ad esempio, che la aiuti ad allontanarsi dall'ambiente tossico, almeno per un breve periodo.

Dovrebbe anche imparare a prendersi cura delle proprie esigenze e a dar loro priorità. Sua madre potrebbe cercare di convincerla che è sbagliato avere le proprie esigenze e che è egoista se non soddisfa sempre i suoi bisogni, ma questo non è vero. Lei ha il diritto di avere la propria volontà e i propri obiettivi e di affermarli, e non deve sentirsi in colpa se dice a sua madre "no" e dà priorità alle sue esigenze.

In generale, dovrebbe cercare di non prendere sul serio le accuse di sua madre e di non sentirsi in colpa. I narcisisti cercano sempre di mettersi nel ruolo di vittima e ritraggono sempre i loro simili come colpevoli, anche se nella maggior parte dei casi sono loro stessi i colpevoli. Pertanto, è importante che non si colpevolizzi e che si renda conto che sua madre sta solo cercando di manipolarla.

Inoltre, non si dia la colpa per il fatto che il rapporto tra lei e sua madre non è stretto e sano, o se trova difficile amare davvero sua madre. Questo non è dovuto a lei, ma al fatto che i narcisisti non sono semplicemente in grado di costruire relazioni sane e profonde.

Spesso i narcisisti cercano anche di manipolarla mentendo, quindi non deve credere a tutto ciò che sua madre le dice. Si fidi invece solo dei fatti chiari che sa essere veri e non si lasci ingannare da sua madre.

In termini di sicurezza personale, è anche importante che lei prenda sul serio i segnali di allarme e si allontani dall'ambiente di sua madre se, ad esempio, appare aggressiva. I narcisisti, infatti, non hanno problemi ad abusare di lei emotivamente o con la violenza. Pertanto, è consigliabile cercare di allontanarsi dall'ambiente di sua madre se il pericolo è imminente. Sarebbe meglio ritirarsi presso una persona di fiducia fino a quando sua madre non si sarà calmata.

Inoltre, dovrebbe stabilire dei limiti chiari nei rapporti con sua madre e difenderli. Le madri narcisiste cercano di controllare la vita dei figli in ogni ambito e quindi spesso interferiscono in modo significativo con la loro privacy. Stabilisca dei limiti chiari per sua madre a questo proposito e le mostri che non devono essere oltrepassati. Dopo tutto, non ha il diritto di interferire nella sua vita privata se lei non lo vuole, o di privarla dell'opportunità di prendere decisioni libere.

Nonostante il cattivo comportamento di sua madre, è comunque importante che lei stesso si comporti in modo rispettoso nei suoi confronti. Non deve imitare il comportamento degradante di sua madre; nella maggior parte dei casi questo può solo peggiorare la situazione. Anche se non deve sentirsi obbligato ad essere affettuoso o eccessivamente amichevole con sua madre, è consigliabile essere rispettoso nei suoi confronti in modo neutrale. Questo aiuterà a prevenire un'escalation di discussioni tra lei e sua madre e impedirà a lei stessa di adottare i comportamenti malsani di sua madre.

Dovrebbe fare particolare attenzione quando si tratta di criticare qualcosa di sua madre o del suo comportamento. I narcisisti sono estremamente sensibili alle critiche a causa della loro autostima instabile e non riescono a gestirle bene. Pertanto, nel migliore dei casi, dovrebbe evitare completamente di criticare sua madre.

Tuttavia, se dovesse ritenere assolutamente necessario criticare una certa cosa, allora è molto sensato esprimere questa critica con molta attenzione. È più efficace e sicuro se nasconde la critica dietro un complimento.

Ad esempio, se desidera che sua madre cambi un certo comportamento, può prima elogiare qualcosa di quel comportamento e poi dirle il cambiamento che vorrebbe vedere sotto forma di suggerimento di miglioramento. In questo modo, sua madre non lo vedrà come una critica, ma come un suggerimento su come avvicinarsi ancora di più al suo ideale di perfezione. In questo modo, la madre sarà più stimolata a cambiare il suo comportamento rispetto a una critica diretta.

Tuttavia, anche in questo modo sarà difficile cambiare il comportamento dannoso di sua madre. Pertanto, è importante che si renda conto che lei stesso non è in grado di correggere il comportamento di sua madre o di curarla dal suo disturbo narcisistico di personalità. Anche se può provare a presentarle la terapia come un'opzione, in ultima analisi è sua madre a decidere se vuole o meno cambiare il proprio comportamento. Pertanto, deve sempre ricordare a se stessa che non ne è responsabile e che non deve sentirsi in colpa.

Tuttavia, se la situazione con sua madre si aggrava fino all'estremo o se questo ambiente tossico la mette a dura prova psicologicamente, tanto da non poterlo più sopportare, probabilmente è meglio cercare dei modi per liberarsi da questo ambiente e finalmente tracciare una linea di demarcazione, perché questo è l'unico modo per allontanarsi completamente da questi fardelli psicologici e guarire dalle conseguenze.

MODI PER LIBERARSI DALL'AMBIENTE NOCIVO

Affinché lei possa distaccarsi completamente dai modi di pensare e di comportarsi malsani che ha appreso da sua madre durante l'infanzia e condurre una vita normale e indipendente, nella maggior parte dei casi è essenziale che lei si liberi dall'ambiente nocivo di sua madre a livello fisico, ma anche emotivo. Poiché per molte persone che sono cresciute con una madre narcisista è molto difficile staccarsi da lei, in quanto spesso sono estremamente dipendenti dalla madre, ecco alcuni consigli che possono aiutarla in questa situazione.

Prima di tutto, dovrebbe acquisire una sana fiducia in se stessa. Questo la aiuterà a capire che può farcela da sola, senza sua madre, e che è in grado di prendere in mano la sua vita. Dovrebbe anche lavorare per costruire la sua personalità individuale e imparare chi è veramente, per separarsi da sua madre e smettere di vivere come una sua estensione. Anche se all'inizio sarà probabilmente difficile per lei andare d'accordo senza sua madre, dato che non ha potuto apprendere molte abilità durante l'infanzia a causa della sua limitata indipendenza, potrà sempre recuperare facilmente. Con il passare del tempo, sarà sempre più facile vivere in modo indipendente. Si consiglia vivamente di trovare un terapeuta che possa consigliarla e sostenerla in questi aspetti.

Può anche cercare il sostegno di altre persone di fiducia che possano aiutarla ad allontanarsi da sua madre in modo fisico. Ad esempio, se ha un buon rapporto con suo padre e anche lui soffre del comportamento di sua madre, potrebbe lasciare sua madre insieme a lui.

Un'altra decisione importante che deve prendere è se vuole interrompere completamente i contatti con sua madre. Si tratta di una decisione che deve prendere da sola, ma se pensa che qualsiasi contatto con sua madre la stia danneggiando, questa è probabilmente la decisione migliore. Tuttavia, questo è molto difficile per molte persone colpite, a causa della loro dipendenza dalla madre, quindi potrebbe anche cercare di ridurre i contatti solo all'inizio o di interromperli solo in fasi successive. In ogni caso, è importante che si allontani emotivamente da sua madre. Non aspetti l'amore o l'approvazione di sua madre, perché è molto probabile che non la otterrà mai.

Spesso deve anche accettare di dover rinunciare ad altri membri della famiglia. Ad esempio, se si schierano dalla parte di sua madre e le fanno del male, è meglio per lei prendere le distanze anche da loro.

Inoltre, non deve mai sentirsi in colpa se prende le distanze da sua madre o da altre persone che non vanno bene per lei. Dopo tutto, queste persone sono responsabili del loro cattivo comportamento e lei ha il diritto di prendere le distanze se questo la danneggia.

In definitiva, anche se non è un processo facile guarire dalle ferite profonde causate da una madre narcisista, è sicuramente possibile liberarsi dalle catene e vivere una vita felice e indipendente.